# Mandalas

ROBIN
BOOK

# Mandalas

## Peter Redlock

esenciales

ROBIN BOOK

© 2013, Peter Redlock

© 2013, Ediciones Robinbook, s. l., Barcelona

Diseño de cubierta: Regina Richling

Fotografías de cubierta: © iStockphoto

Diseño interior: Paco Murcia

ISBN: 978-84-9917-319-1

Depósito legal: B-11.914-2013

Impreso por Lito Stamp, Perú, 144, 08020 Barcelona

Impreso en España - *Printed in Spain*

# Índice

*Dibujaba cada mañana en un cuaderno
un pequeño motivo circular, un mandala, que
parecía corresponder a mi situación interna en ese
momento... Fue poco a poco que descubrí qué es en
realidad un mandala: es uno mismo, la totalidad de
la personalidad, que si todo anda bien es armoniosa.*

CARL JUNG

# Prólogo

Un mandala, literalmente, es aquello que rodea un centro. Se trata de representaciones simbólicas utilizadas en tradiciones como la budista o la hinduista que muestran un círculo inscrito dentro de una forma cuadrangular.

Estas formas concéntricas sugieren una idea de perfección que muestra la relación entre el macrocosmos y el microcosmos, entre lo universal y lo particular, en un eterno retorno de los ciclos de la naturaleza.

Existen muchos tipos de mandalas. Los externos son la representación de un sistema de mundos y se utilizan como ofrenda de un maestro espiritual a la solicitud de una enseñanza. Se suele utilizar como una ofrenda de apreciación al final de una enseñanza o en una iniciación tántrica. Suele consistir en un cuenco de fondo plano con tres montículos de arena alrededor de los cuales se disponen una serie de anillos concéntricos que coronan con una diadema ornamental.

Los mandalas internos tienen cuatro niveles de ofrendas. Una ofrenda externa que se basa en objetos tales como agua, flores, incienso, etc. En cambio, una ofrenda interna consiste en aspectos del propio cuerpo, de los cinco elementos o de aspectos del cuerpo sutil. Una ofrenda secreta purifica la mente para situarla en un estado completo de luz clara. Y una ofrenda de la naturaleza misma de la realidad se compone de las dos verdades inseparables: nuestra apariencia pura y el poder de la palabra que purifica el cuerpo y la mente.

Los mandalas más comunes son los que simbolizan el Sol y la Luna, que representan el poder para alcanzar la Iluminación de cara a ayudar a los demás de la mejor manera posible. Los cinco elementos (Tierra, Aire, Agua, Viento y Fuego) se representan también a menudo en mandalas que utilizan colores y formas propios del budismo.

Es también la representación del ser humano. Al interactuar con un mandala se inicia un viaje a la esencia de la sabiduría interior que ayuda a curar la fragmentación psíquica y espiritual que todo ser humano padece y le ayuda a manifestar su creatividad y a reconectar con el ser esencial. Los mandalas nos

ayudan conocernos mejor, conectándonos con el niño que todos llevamos dentro y activando su grandeza, poder y sabiduría.

La característica más común a todos ellos es la simetría, una figura armoniosa y perfecta geométricamente hablando. El círculo y la simetría, está comprobado, producen serenidad natural y paz espiritual.

Este libro es una guía práctica en la que, a través de la meditación y el dibujo de los mandalas, cada persona pueda emprender su particular camino hacia el origen de su existencia y potenciar así los estímulos que hagan aflorar los resortes emocionales más íntimos.

# 1. Origen del mandala

El mandala es una herramienta fundamental para la meditación, símbolo de sanación, de totalidad, de unión y de integración. Su origen es sánscrito y significa «círculo sagrado».
El Universo, nuestro Universo, está organizado de forma circular alrededor de un centro en el que gravitan los planetas y
en el que todas las fuerzas se interrelacionan unas con otras.
Es así como los mandalas, inspirados por este modelo, acom-
pañan también al hombre desde siempre, y así puede com-
probarse en diferentes culturas.

Un mandala es un círculo, la forma perfecta, el símbolo del
Cosmos y de la eternidad. Representa los ciclos infinitos de la
vida y el esquema de la naturaleza que nos rodea. Al dibujar
un mandala, se está entrando en un camino mágico y de conocimiento que conecta a la persona con el Universo del que
todos formamos parte. Su diseño geométrico transmite estabilidad y equilibrio, permitiendo recuperar la armonía innata y
la creatividad. Es también el intento del hombre por manifestar lo abstracto a partir de lo concreto por medio del orden, el
equilibrio y la unidad.

En la cultura egipcia, por ejemplo, era un poderoso instru-
mento para la meditación ya que se valoraba muy positiva-
mente la gran fuerza que transmitían.

En la cultura tibetana los mandalas se dibujaban en la arena
durante varios días o semanas, al cabo de ese tiempo los mismos

monjes los destruían ya que lo importante no era la obra terminada en sí, sino el proceso de creación.

En la civilización china son utilizados para fortalecer la salud y propiciar abundancia y prosperidad.

Los indios navajos celebraban ceremonias en las que invocaban a los seres sagrados en altares provisionales, donde dibujaban hermosos mandalas protectores que habían de servir como beneficio a los habitantes de la casa y a los otros miembros de la tribu.

Los mayas dibujaban y esculpían sus calendarios en piedra a la manera de un gran disco solar que simbolizaba la experiencia del regreso y la repetición cíclica.

En Mali, los hombres dogón dibujan complejos mandalas que refieren al «huevo del amma» o vientre que alberga los signos del mundo y que son, por este orden: el agua, la tierra, el aire y el fuego. Los dogón utilizan los elementos presentes en sus dibujos para meditar y tratar de comprender su lugar en el mundo, e identificarse así con el cosmos y con el infinito.

En Occidente fue Carl Jung quien los utilizó en sus terapias para alcanzar la búsqueda de la individualidad ya que creía que representaban la totalidad de la mente, tanto en su modo consciente como en su modo inconsciente y que su representación primigenia se halla anclada en el subconsciente colectivo.

En otras tradiciones eran un elemento protector contra los malos espíritus y como símbolo para promover la valentía y el coraje.

Dado que reflejan la psique humana, representan la totalidad de nuestro ser.

# 2. La representación del mandala en distintas religiones

Todas las religiones expresan, de una u otra manera, la importancia de realizar ese camino hacia el centro que es camino del conocimiento. Cuando los textos sagrados de una religión hablan sobre la experiencia del centro del mandala, están bebiendo directamente de las fuentes. El mandala, o

Mandala hindú.

rueda que gira, está presente en los rosetones de las iglesias góticas cristianas pero también en la rueda de la medicina de los indios americanos.

El budismo habla de la rueda de la reencarnación, a partir de cuyo centro gira la vida y la muerte. Los budistas tratan de hallar el camino de salida, abandonar la rueda giratoria de la vida polar para encontrar la liberación en la trascendencia del centro. El vacío del centro lo es todo y no es nada. El Uno y el Todo no han dejado de ser lo mismo y si el principio está en el centro, el final de todas las cosas también se halla ahí.

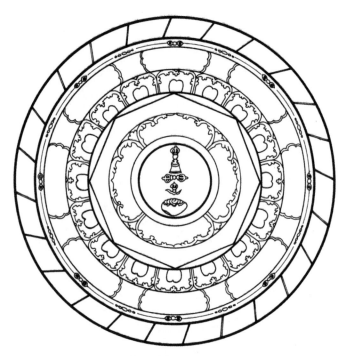

Mandala budista.

Los musulmanes declinan adorar imágenes de Alá, por lo que recurren a los mandalas para evitar la representación figurativa de Dios. En el mandala esta figura se intuye en su centro.

En el hinduismo se utiliza una simbología fácilmente reconocible. Las cuatro grandes puertas corresponden a los cuatro puntos cardinales desde donde se puede acceder al misterio del centro. Las estructuras circulares remiten a la Unidad. También aparecen las flores de loto, símbolo del desarrollo y de la evolución, no en vano se pueden ver numerosas representaciones de Buda sentado sobre una flor de loto abierta. La flor cerrada simboliza el chakra base mientras que la flor abierta sería el chakra corona abierto. En el punto medio de los mandalas hindúes se pueden hallar símbolos específicos como el Shri-Yantra o el hexagrama, fácilmente reconocible por la cultura judaica.

El hexagrama, también conocido como el sello de Salomón o estrella de David, simboliza la unión entre la parte superior y la parte inferior, entre arriba y abajo. Los triángulos son representación de los cielos y la tierra y se interrelacionan como una alusión a su desarrollo histórico.

# 3. Simbología del mandala en la cultura universal

La arquitectura divina que muestran los mandalas guarda una relación directa con la arquitectura de los edificios budistas. La estructura de estos significaba la de un hogar terrenal para deidades y eran la base desde la que se podía generar un camino espiritual para guiar a los otros. Templos, stupas y demás edificios funcionaban como recordatorio de lugares sagrados y como símbolo de la presencia de lo divino y de la luz espiritual.

Los mandalas que parten de estos preceptos muestran mansiones que contienen deidades, están rodeadas de jardines, lagos, montañas y seres divinos. A su alrededor, anillos de fuego protegen del mal. Y en cada uno de los extremos, una apertura a uno de los puntos cardinales. Las deidades budistas están reunidas en clanes y cada clan ejemplifica un tipo de sabiduría y una personalidad, con un ritual y un color específico. Cada uno de los objetos del palacio tiene un significado y representa algún aspecto de la sabiduría o un principio que debe guiar a la persona que medita.

Las figuras dentro de un mandala tienen diversos propósitos: pueden ser una deidad, un foco de visualización para la meditación, o ser la expresión plástica del camino en un progreso espiritual. Cada figura juega un papel distinto durante los ritos y visualizaciones de la meditación.

Los mandalas representan un mapa del cosmos, una pequeña muestra de la proyección geométrica del mundo. Es la pequeña porción del Universo que ocupa nuestra esencia, nuestro ser. Su creación no exige grandes habilidades intelectuales, se entiende como una respuesta específica, instantánea, que nos ayudan a entender las posibilidades infinitas del subconsciente humano.

Cada tipo de mandala hecho por una cultura diferente, ya sean los indios navajo o los dogón de Mali, es un objeto de adoración a una determinada deidad, un adorno para un templo o lugar sagrado, un foco de visualización y meditación o bien una expresión plástica y artística del camino recorrido hacia el progreso y la evolución espiritual.

# 4. Las formas del mandala y sus significados

Al hacer un mandala, se entra en contacto con uno mismo ya que ayuda a expresarse mejor con el exterior, ayuda a tener paciencia, a despertar los sentidos para ver con los ojos todo cuanto nos rodea. Los mandalas sirven para sanar las heridas físicas y emocionales, nada más lejos que pensar que se tratan de unos simples dibujos de colores. Todos los elementos de un mandala tienen un significado.

## ● *Círculo*
Representación del movimiento, de la noción de absoluto, del verdadero yo.

## ● *Corazón*
Representación del Sol, del Amor, de la Felicidad, del sentimiento de unión.

## ● *Cruz*
Unión del cielo con la tierra, de la vida y la muerte. Representa lo consciente y lo inconsciente.

## ● *Cuadrado*
Simboliza los procesos de la naturaleza, estabilidad y equilibrio.

● *Estrella*

Símbolo de lo espiritual, significa la Libertad y la elevación.

● *Espiral*

Remite a la vitalidad, a las energías curativas y a la búsqueda constante de la totalidad.

● *Hexágono*

Es la unión de contrarios.

● *Laberinto*

Implica la búsqueda del propio centro.

● *Mariposa*

Este animal dibujado en un mandala representa la autorrenovación del alma, es también la transformación y la transmutación de la vida a la muerte.

● *Pentágono*

Es la silueta del cuerpo humano.

● *Rectángulo*

Proporciona estabilidad, mejora el rendimiento del intelecto y remite a la vida terrenal.

● *Triángulo*

Significa vitalidad, transformación o agresión hacia uno mismo.

# Simbolismo de los colores

La luz blanca da lugar a todo un mundo de colores o, lo que es lo mismo, cada color precisa de todos los demás para reconstruir el blanco. Una imagen rica en cromatismo sugiere la noción de riqueza, y sin embargo es todo lo contrario, la presencia de color expresa en realidad la ausencia de determinadas frecuencias de la luz. Todo color tiene su opuesto que es precisamente el complementario que tiene lo que aquél le falta para dar el color blanco.

Cuando vemos un objeto de color rojo, lo que sucede es que le falta el verde y lo que parece azul es falta de amarillo.

Todos los colores derivan del blanco y por consiguiente éste los contiene todos, tal y como puede observarse al descomponer la luz natural con un prisma. El arco iris no es más que la descomposición de la luz solar realizada por una infinidad de partículas de agua.

Los rosetones góticos representan tan bien a la Creación por cuanto descomponen la luz en múltiples colores. La luz pura, a pesar de ser símbolo de unidad y de iluminación, no puede percibirse desde el punto de vista de la polaridad. Es el color violeta, presente en celebraciones místicas de todo tipo, el color que alude a la unidad y a la espiritualidad humana.

El azul es la representación de lo femenino, del aspecto reproductor, multiplicador y creativo de la persona, y también simboliza la profundidad, la inmersión, la pasividad y la tristeza. Se relaciona con la verdad, la felicidad y la inmortalidad.

El rojo, en cambio, pertenece a la gama de colores calientes. Es el color de la valentía, del ardor y del entusiasmo e infunde vitalidad al mundo exterior; simbolia también el amor y la pasión ardiente.

El color dorado se reserva a cuestiones capitales e importantes, no en vano el oro ha sido el metal de los reyes, emperadores y gobernantes. También es la representación del Sol, la divinidad máxima, y así lo vieron tribus y civilizaciones de todas las épocas y todos los lugares. Por eso el amarillo se considera un color puro, símbolo de la envidia, los celos y la traición.

El color blanco remite a la pureza, a la resurrección de los difuntos, color de varios ritos funerarios en muchas culturas. Por el contrario el negro es la ausencia de luz y color, la reducción absoluta.

# El simbolismo de los colores en los mandalas

**Blanco:** El color perfecto. Es iluminación, pureza, nada.

**Negro:** Se relaciona con la muerte, el misterio o la ignorancia.

**Gris:** Color de la neutralidad, la sabiduría y la renovación.

**Verde:** Significa naturaleza, crecimiento y esperanza.

**Azul:** Implica tranquilidad, alegría, satisfacción y paz.

**Rojo:** Amor, pasión y sensualidad.

**Amarillo:** Color del sol, de la luz y de la simpatía.

**Naranja:** Energía, dinamismo, ambición, ternura, valor.

**Rosa:** Aspectos femeninos e infantiles, dulzura, altruismo.

**Morado:** Amor al prójimo, idealismo y sabiduría.

**Verde:** Naturaleza, equilibrio, crecimiento, esperanza.

**Violeta:** Música, magia, espiritualidad, transformación, inspiración.

**Oro:** Sabiduría, claridad, lucidez, vitalidad.

**Plata:** Capacidades extrasensoriales, emociones fluctuantes, bienestar.

# Los números
# en los mandalas

Los números también tienen su significado dentro del mundo de los mandalas. En general puede decirse que los números impares prolongan el desarrollo directo del Uno, mientras que los números pares se emparentan con la polaridad.

Así, el 1 corresponde a la Unidad, al Ser Supremo. El 2 es el número de la polaridad, el que corresponde a los contrarios y representa el mundo en el que vivimos. El 3 significa el aspecto armonioso de la Creación, el número de la Trinidad o el de los tres Reyes Magos. En el hinduismo corresponde a la trinidad representada por Brahma, Vishnú y Shiva que guardan relación directa con las tres fuerzas fundamentales de la Creación. También los tres colores primarios simbolizan este estado de cosas.

El número 4 es el número de los puntos cardinales, también los extremos de la Cruz. A partir del punto medio se extiende la Cruz en cuatro direcciones para formar el mundo tal y como lo conocemos y en el que priman los cuatro elementos principales que lo componen (Tierra, Aire, Agua y Fuego), con sus cuatro océanos, sus cuatro razas primigenias, las cuatro estaciones del año y las cuatro eras universales.

El número del hombre es el 5, tal y como puede en la estrella de cinco puntas trazada en el mandala-hombre que universalizó Leonardo da Vinci. De la estrella de cinco puntas ceñida en piedra surge el arco ojival de la arquitectura gótica.

El 6 es el número de la polaridad. Los triángulos entrelazados de la estrella de David representan el microcosmos y el macrocosmos. Son seis los colores del arco iris.

El 7 representa la totalidad, es otra de las expresiones de la armonía. Dios creó el mundo en siete días, siete son los planetas básicos, las artes liberales y las virtudes.

8 es el número de vientos y representa también el infinito, por lo que es un signo de eterno retorno. El 9 es el número que finaliza la serie, mientras que con el 10 comienza una nueva serie. El 10 es el número del nuevo orden, el del Uno y el Comienzo, el punto primigenio de donde procede el espacio.

# 5. El diagnóstico terapéutico por mandalas

El mandala es imagen y símbolo de perfección y puede servir para que la persona recupere su salud cuando esta se ve alterada por un desequilibrio. Las personas que dibujan mandalas ven colmado su anhelo de autorrealización y de perfección.

Cuando, durante la pubertad, falta decisión para acometer determinados pasos y la duda se apodera de la persona joven, los mandalas pueden centrar su objetivo sobre este punto, dotando entonces a la persona del aplomo y la sabiduría necesaria para fijar sus objetivos.

La persona que acostumbra a caer a menudo en estados depresivos, al dibujar mandalas, puede ver cómo su existencia se dota del estado de conciliación necesaria para vivir en equilibrio y armonía, tal vez porque el centro del dibujo atrae a su inconsciente.

Cualquier persona que opta por pintar mandalas está emprendiendo un camino de perfección y espiritualidad.

# Aplicaciones de los mandalas

Los mandalas pueden entenderse como un diagrama cosmológico que puede ser utilizado para la meditación. Sus formas básicas —círculos, triángulos, cuadrados o rectángulos— se organizan en diferentes niveles visuales. Para la psicología, el mandala es la representación del ser humano. Al interactuar con el mandala —dibujándolo, pintándolo o meditando con él— se manifiesta la creatividad que ayuda a reconectar con el propio ser.

Es, en definitiva, un viaje a la esencia en el que se abren las puertas a lo desconocido. Hay técnicas diferentes a la hora de enfrentarse a un mandala, todo depende del estado de ánimo y de lo que se desea que el mandala transmita. Si se precisa exteriorizar las emociones se debe colorear desde dentro hacia fuera, si se quiere buscar el propio centro se debe pintar desde fuera hacia dentro.

Las virtudes terapéuticas del dibujo de los mandalas permiten recobrar el equilibrio, el conocimiento de uno mismo, el sosiego y la calma interna, necesarios para vivir en armonía.

Cada persona escoge los colores con los que desea pintar el mandala en función de su estado de ánimo, la intensidad del color o los diferentes materiales para colorear. Eso sí, a la hora de pintar se debe respetar la dirección con la que se inició el dibujo y finalizarlo cuando el mandala ya esté terminado.

# El ritual del mandala

Los rituales a la hora de dibujar mandalas requieren una ejecución consciente, por eso es recomendable hacerlo a solas y a ser posible sin ruidos molestos que interfieran en su desarrollo. El efecto del ritual se transmite a través de una pauta vibracional, de ahí que el silencio sea tan importante. A lo sumo, se puede escuchar una música que predisponga a entrar en situación y otorguen un ambiente adecuado a la ceremonia. Una tenue iluminación también ayudará en este proceso.

La persona que ejerce el ritual mandálico debe ser consciente del efecto concéntrico del dibujo, ya que de esta manera su eficacia psíquica es mucho mayor. Además, debe ser valorado adecuadamente por la persona que realiza el rito. En el caso de no valorar su eficacia de antemano apenas se percibirán sus efectos.

Cuando se utiliza el mandala en alguna ocasión significativa, se debe escoger con cuidado el ritual y el momento que debe realizarse. Siempre, de todas formas, debe haber una cierta profundidad y concentración previa de tipo meditativa.

En el trabajo con mandalas el silencio produce una disminución de la frecuencia respiratoria y por consiguiente una cierta relajación corporal. Las personas que son capaces de concentrarse en la tarea y desentenderse de todo cuanto les rodea alcanzan un estado de tranquilidad profunda, una especie de trance producido por el mismo mandala. En los grupos que meditan conjuntamente se observa una cierta coordinación de las frecuencias cardiacas. De ello se deduce que el ambiente resulta armonioso.

Es por ello que el ritual de dibujar conjuntamente un mandala se realiza en jardines de infancia y en escuelas primarias.

En algunas ocasiones los profesores han puesto a sus alumnos a pintar mandalas antes de enfrentarse a un examen, de cara a mejorar su concentración. Sus maravillosos efectos también son visibles en niños que precisan de educación especial, donde el mandala absorbe sin problemas todas las dificultades.

# El momento ideal para el dibujo de mandalas

No hay un momento ideal para dibujar mandalas, todo depende de la situación en que la persona desee hacerlo, siempre teniendo en cuenta ciertos criterios de sentido común. Cualquier lugar y situación puede ser bueno para coger una libreta, relajarse y recobrar la armonía. Tan sólo hace falta un rotulador fino, unos lápices de colores y una libreta con hojas blancas para ponerse en la agradable tarea de pintar mandalas.

El mejor lugar es aquel que permite relajarnos. Para conectar con el ser interior es fundamental encontrar aquel lugar de la casa que tenga una buena vista (un balcón en primavera, un jardín o una terraza), alejados del teléfono y de cualquier otro ruido que pueda perturbarnos.

La respiración es vital para equilibrar la química corporal, por tanto es interesante seguir técnicas del pranayama hindú o, en su defecto, mantener una respiración profunda, consciente y no forzada, que nos permita relajar la mente y concentrarla en la tarea que tenemos por delante.

# Beneficios a la hora de dibujar mandalas

Son muchos los beneficios físicos y emocionales que puede otorgarnos el dibujo de mandalas, pero entre los más destacados pueden citarse:

- Los mandalas son un método de curación para el alma.
- Son la fusión del cuerpo, el espíritu y el alma.
- Ayudan a descubrir la propia creatividad.
- Los mandalas son un arma poderosa para vencer la rutina y el estrés.
- Pintar mandalas genera confianza y seguridad.
- Los mandalas ayudan a contactar con la propia esencia.
- Favorecen la expansión de la conciencia.
- Desarrollan la paciencia.
- Mejoran la intuición personal.
- Mejora la autoestima y ayuda en la curación física y emocional.
- Ayudan en el proceso de comunicación con el exterior.

# 6. Mitos mandálicos

## La rueda medicinal

Es difícil establecer su origen, pero pueden hallarse testimonios de su representación en la cultura celta y en algunas tribus indias norteamericanas. Los mayas desarrollaron calendarios con el simbolismo de la rueda, un sistema holográfico que remitía a la cosmogonía de la Creación tal y como la entendían ellos. La rueda les permitía recordar las claves para la Iluminación de la conciencia, mediante bloqueos y desbloqueos, facilitando la expansión de la conciencia para convertirse en seres de mayor capacidad y soberanía sobre sus propias vidas, alcanzando cualquier objetivo y superando las dificultades inherentes a este proceso. El significado de la rueda medicinal era, pues, profundo, místico y sagrado.

Stonhenge es el gran círculo mágico, donde el hombre se halla en armonía frente al Universo y le recuerda su conexión mística. Cada piedra es una etapa que ayuda a entender el pasado, el presente y el futuro. Su perfecta armonía es la fuente de energía que ayuda en el despertar de las conciencias.

La rueda permitía comprender los ciclos de la vida, el nacimiento, la muerte y la reencarnación. Se trata de un mandala de sanación que purifica el cuerpo humano, eleva el alma y recarga el espíritu. Es capaz de entender los procesos que implican el cuerpo y la mente, el espíritu y el corazón. Es el círculo mágico que abarca toda la vida.

Los círculos y las ruedas no tienen principio ni fin. Cada cuadrante representa uno de los cuatro puntos cardinales y uno de los cuatro elementos (Tierra, Agua, Fuego, Aire) y también un aspecto de la personalidad. Cada cuadrante tiene su propio poder y sus propias cualidades espirituales.

### ● El Este

Se relaciona con el elemento aire y representa los ideales elevados y la elevación espiritual, así como el poder de la mente. Permite tener una visión panorámica de la vida y es símbolo de Iluminación e integración.

### ● El Sur

Enfoca su fuerza hacia el campo de los sentimientos y las emociones. Simboliza la intuición y la conexión íntima con la espiritualidad. A través de este punto cardinal es posible alcanzar la relajación.

### ● El Oeste

Es la transformación, el paso de lo viejo a lo nuevo, la metamorfosis y la transmutación. Es el paso del adolescente al mundo de los adultos a través de una profunda introspección.

### ● El Norte

Es la sabiduría, el lugar que permite alcanzar el conocimiento interior. Representación de la fertilidad, la abundancia y la estabilidad. Es el poder de lo físico y del pensamiento trascendental.

# Los rosetones

Los nuevos avances arquitectónicos permitieron que durante el gótico se construyeran enormes cristaleras de colores en las catedrales con el fin de dotarlas de espacios de mayor luminosidad. Pero el rosetón no sólo era una gran ventanal, también tenía una fuerte carga simbólica que rápidamente se asoció a los mandalas indios o a la flor de loto de los taoístas o las rosas que los persas empleaban como fuente de contemplación.

El rosetón gótico debe entenderse como una advertencia, ya que avisan sobre la naturaleza del edificio que adornan. Su función, sobre la puerta de entrada, es similar a la del cancerbero que vigila la puerta de entrada. Su decoración, generalmente

basada en figuras geométricas, era realizada por grandes maestros vidrieros.

Al asociarse a la rosa árabe se vincula directamente con el alma y la perfección, con el amor y el corazón. El rosetón, como el mandala, sería la representación simbólica del macrocosmos y el microcosmos, utilizándose como objeto de meditación para provocar determinados estados mentales y ayudar al espíritu en los avances de su evolución.

Para los místicos, el jardín, como la rosa, era el lugar en el que pasear con relativa tranquilidad, un paraíso en la tierra en el que poder dedicarse a la contemplación.

# El laberinto

El laberinto es una de las manifestaciones del mandala, y está relacionado directamente con el estilo gótico y sus catedrales. Su origen es tan antiguo como la misma humanidad, y aún se guardan vestigios en culturas como la celta, la minoica, la babilónica o la grecorromana, por poner unos ejemplos.

Pueden observarse en las catedrales góticas francesas e italianas. En la antigüedad, los fieles recorrían el laberinto en ciertos ritos para celebrar el término de una peregrinación, siguiendo el último tramo de rodillas hasta llegar a su centro. Al alcanzarlo, se dejaban atrás los peligros de la travesía y se adentraba en el Logos. Las danzas alrededor del centro de un laberinto también recorren todas las culturas, bien sean danzas religiosas o profanas. Pueden trasladar la idea de un cierto desasimiento del mundo o bien conducir al éxtasis religioso, como las danzas de los derviches.

Su significado primigenio el camino que ha de recorrer el alma durante su tránsito terrenal. Son la representación de la búsqueda humana cuyo camino a veces se acerca a su objetivo final, que es el centro, y a veces se aleja de él.

# La naturaleza

La naturaleza ha sido desde siempre fuente de mil y un motivos de inspiración. Como no podía ser de otra manera, la naturaleza está llena de mandalas, figuras concéntricas que sugieren idea de perfección por su equidistancia al centro. El perímetro del círculo evoca el eterno retorno de los ciclos de la naturaleza.

Del centro del mandala pare la multiplicidad que puede tomar diferentes formas. El centro contiene todas las posibilidades, es como la semilla a partir de la cual se genera el tallo, las ramas, las flores y los frutos.

El movimiento circular de los planetas no tiene principio ni fin, es perfecto y eterno. En la naturaleza está presente en los cambios de las estaciones, en el trascurso de la noche al día, en el ciclo de la vida de animales y plantas. Pero también pueden verse formas mandálicas en los cristales de nieve, en los remolinos que crea el agua, en la forma cómo cristalizan algunos minerales, en las telas de araña, etc.

A nuestro alrededor se pueden encontrar multitud de formas que remiten a los mandalas, en las flores con sus pétalos, en los troncos talados de los árboles o en las semillas de muchos frutos.

# La rosa

La rosa ocupa en la tradición occidental un lugar privilegiado, comparable al que la flor de loto tiene en Oriente. En un contexto religioso la rosa guarda una relación directa con la Virgen María, a la que se representa a menudo entre rosas y a la que se le dedica el ritual del rosario. El rosario, o corona de rosas, tiene algo de puente entre culturas. Los rosetones serían, en ese sentido, ventanas del amor de Dios. En la mística del siglo XIII era sinónimo de la unión con Dios, tal y como pregonaban los trovadores con su música. Es también símbolo de la pasión.

En el centro de la rosa madura la semilla, tal y como establece el simbolismo cristiano. Las semillas de muchas plantas son también mandalas. En los frutos prevalece la forma esférica alrededor de un núcleo central que protege aquello que para la planta es eterno e intemporal. Las semillas son lo que garantiza la supervivencia en el decurso de múltiples ciclos de crecimiento. Las secciones transversales de cualquier tallo, rama o tronco, también son mandalas.

# El mandala espiritual

Los escritos sagrados del Tíbet establecen que durante la meditación uno debe contemplarse a sí mismo y a todas las cosas como un mandala sagrado. La persona que ejerce la meditación se sitúa en el centro del mandala y se relaciona con el diseño del Universo, microcosmos frente a macrocosmos. Las imágenes aparecen así como un diagrama cósmico que recuerda la relación con el infinito, que el mundo extiende más allá del cuerpo y de la mente. Los mandalas simbolizan realidades materiales e inmateriales en todos los aspectos de la vida.

El mandala es una puerta hacia la zona más íntima del ser humano, representa la condensación del Universo. Gracias a su diseño, el ser humano toma contacto con su parte más espiritual para hacerse parte de un Todo armonioso, trascendiendo sus limitaciones presentes y sus ataduras al mundo material y conceptual.

Son representaciones muy útiles para meditar, ya que generan gran capacidad de concentración por su alta capacidad energética. En la meditación con mandalas, se consigue armonizar el cuerpo y la mente, además de dotar al ser humano de una poderosa herramienta para su desarrollo personal y espiritual.

Los mandalas ayudan en el equilibrio de los chakras y a alcanzar un estado de relajación que puede servir para hallar la paz en medio del caos y las dificultades. El mandala es el área sagrada dentro de la cual pueden surgir experiencias espirituales. Ha de entenderse pues, como un símbolo para el crecimiento espiritual cuyo centro es la mente. La relación que se establece en la geometría interna del mandala invita a un estado de meditación que ayuda a explorar los rincones de la psique.

# El mito de la Creación

El mito de la Creación es una historia que mezcla mitología y religión que describe los comienzos de la humanidad como un acto realizado por una o más deidades. Cada etnia, cada cultura, tiene sus propios mitos de la Creación o cosmogonías que explican el surgimiento de la vida.

Casi todas las historias comparten la idea de un caos primigenio a partir del cual surgirían los dioses padres, la elevación de la tierra desde las profundidades de un océano y la Creación a partir de la nada.

La Creación ha sido y es un enigma para el ser humano. La visión de este proceso no sólo atañe al momento en que surge el Universo, sino también el hombre necesita conocer qué mecanismos provocaron su aparición en la Tierra y es por ello que desde siempre ha dado en emplear el símbolo como prueba para explicarlo todo de forma integral.

Muchos mitos de la Creación giran en torno al círculo como principio de todo lo que existe. Dichos mitos están presentes en la tradición europea, en la tradición africana o del Pacífico sur.

En Egipto, por ejemplo, el Cosmos era una circunferencia donde convivían la diosa del Cielo (Nut) con el dios de la Tierra (Geb). Cuando estos padres del mundo se separaron, pusieron en marcha la noción del tiempo y junto a ello la creatividad y la conciencia.

En la India, la cosmogonía habla de que el principio del mundo era el no-ser que se desarrolló y se convirtió en un huevo que, al estallar, formó la Tierra y el Cielo. De esta última parte surgió el Sol que dio vida a todos los seres vivos.

Los tibetanos hablan del surgimiento de la vida cuando Shiva se unió a su lado femenino o Shakti. Entonces nace Maya o la construcción del mundo. La función de la contemplación del mandala es el retorno del ser-individual al ser-universal.

En Occidente la ciencia ha establecido que el origen del todo fue el *big bang*: toda la energía estaba concentrada en un punto hasta que estalló formando las galaxias, el sistema solar, los planetas y las estrellas. Desde entonces, el mundo se halla en perpetuo movimiento de expansión, aunque en algún momento volverá a contraerse imitando la secuencia respiratoria de un gran ser cósmico.

# Los calendarios

En América, durante la fase precolombina, se desarrolló un estudio astronómico bastante extenso. Los mayas tenían su propio calendario solar y conocían la periodicidad de los eclipses. Todo ello lo formulaban en monumentos de piedra que han llegado hasta nosotros, con sus acertadas predicciones. Su pasión por la astronomía se basaba en una cierta concepción cíclica de la historia.

El calendario solar maya nos recuerda a un poderoso mandala en el que los astros están orientados dentro de una gran bóveda celeste. Los edificios que construyeron los mayas fueron construidos con el propósito de escenificar fenómenos celestes en la Tierra, como Chichén Itzá, donde puede observarse

el descenso de la serpiente Kukulkán formada por las sombras que se crean en los vértices del edificio.

# El mandala de la vida

El calendario más importante de la vida es el del horóscopo. Contiene el itinerario básico compuesto por un mosaico de elementos como los signos zodiacales, los planetas y las casas, así como las relaciones que los gobiernan. Las energías que mueven, llamadas Principios ancestrales o arquetipos, consiguen explicar la existencia personal.

# 7. Pintar mandalas

*Los mándalas están todos basados en la cuadratura del círculo. Su motivo básico es la premonición de un centro de la personalidad, una especie de punto central dentro de la psique, con el que todo está relacionado, mediante el cual todo está ordenado y que es en sí mismo una fuente de energía.*

Carl Jung

# Mandala de la Creación

Representa la relación del hombre con el Cosmos. En el círculo exterior puede verse el dragón Uroboros mordiendo su cola como símbolo de la circulación eterna de la existencia.

# El mandala óvulo

El primer habitáculo humano es el óvulo materno, un mandala perfecto. La fecundación por parte del espermatozoide representa el momento de excentricidad y, aunque la cadena de divisiones siguientes parece desorganizarlo un poco, pronto recobra esa forma cuando se ha convertido en mórula.

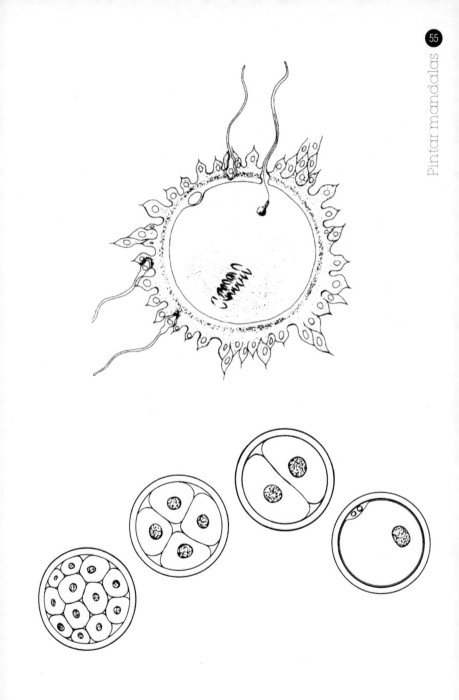

# El círculo astrológico

En el centro puede verse un pentágono en el que el hombre se halla inmerso como un microcosmos en el Universo. El primer círculo representa diversos símbolos gráficos, mientras que en el segundo pueden verse los signos del zodíaco.

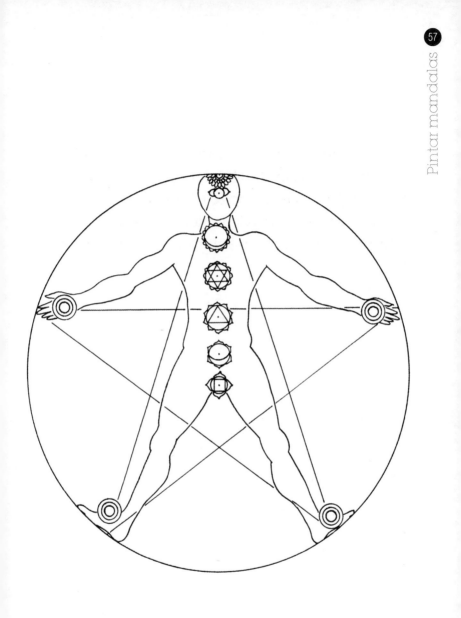

# El mandala de la Luna

Todas las culturas antiguas entendieron el aspecto femenino de la Luna y su vinculación con la Naturaleza, especialmente en aquellas culturas que vivían de la tierra y se regían por sus ciclos en época de siembra y recolección.

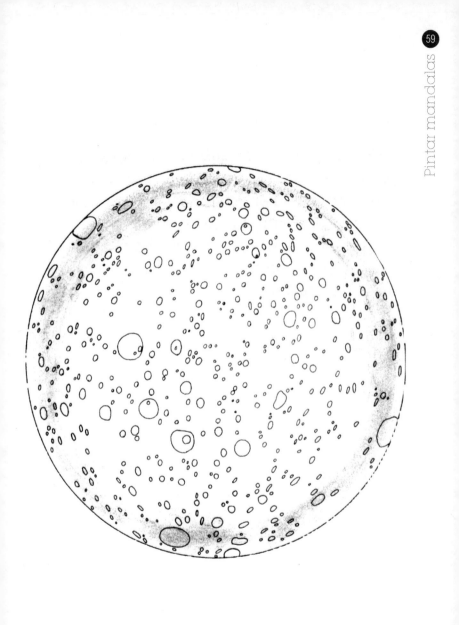

# El Shri-Mandala

En Oriente suelen construirse los templos con planta mandálica. Se intenta que el templo exterior ayude a encontrar el templo interior y su centro. En el punto medio de los mandalas hindúes suelen encontrarse símbolos como el Shri-Yantra y otros más universales como el famoso hexagrama.

# Los cristales

Nacidos en el vientre de la tierra hace millones de años, los minerales están constituidos por cristales de curiosas formas geométricas que nos recuerdan la disposición de un mandala. Hay cristales maravillosos cuya alegre disposición nos remite a la belleza que alegra el corazón.

El cristal de cuarzo es un material sólido que al fundirse adopta la forma de un mandala. Muchos otros materiales, al fundirse, tienden a adoptar formas que recuerdan a la esfera de un mandala.

# Mundos acuáticos

Las gotas de agua constituyen un universo propio que nos recuerda a los mandalas más sofisticados. Cuando arrojamos una piedra a un estanque de aguas quietas, se forman una serie de anillos concéntricos que se extienden por toda su superficie. Espontáneamente, el agua adopta la forma de un mandala a la mínima oportunidad. El flujo de agua rebotando sobre la cocina deja cientos de gotas que dejan formas curiosas y extraordinarias. El remolino que forma al caer por la pica deja también el reguero de una extraña turbulencia en forma de mandala. Los líquidos tienden al mandala esférico, tanto más cuanto más elevada sea su tensión superficial.

La espiral de las caracolas del mar reproduce el caracol del oído medio de los seres humanos. Lo cual demuestra el origen común de los seres vivos y, por tanto, el carácter de la estructura del mandala en el macrocosmos y el microcosmos.

# Los cristales de nieve

No hay dos cristales de nieve iguales, pero todos están formados con arreglo a las mismas leyes de la naturaleza. Cada cristal de nieve recuerda a un mandala. Su estructura de seis puntas simboliza el orden dentro de la multiplicidad de la naturaleza. De la misma manera que no hay dos cristales de agua iguales, tampoco hay dos personas que tengan la misma huella dactilar. Ambas estructuras recuerdan que el simbolismo de un mandala responde a su pauta interior.

# Las hojas de los árboles

En la analogía, las hojas de los árboles se corresponden con nuestros lóbulos pulmonares. En nuestro interior tenemos un árbol inverso, en el que el tronco es la tráquea, con dos ramas principales que luego se ramifican en los pulmones. Los alvéolos pulmonares funcionan como las hojas verdes de un árbol por los que entra oxígeno y absorben el dióxido de carbono. Las hojas de las plantas ceden el oxígeno a la atmósfera y toman de ésta el dióxido de carbono.

# El mandala-ojo humano

El ojo humano y, en particular el iris, reflejan el estado de nuestros órganos.

En muchas culturas existe la creencia del mal de ojo que obedece a que Dios ve todo lo que sucede en la Tierra. El ojo que todo lo ve es el ojo de Dios y ese símbolo aparece en numerosos emblemas: un ojo inscrito en un triángulo o en una aureola. Pensar en una armonía superior y la capacidad de reconocer en ella a la divinidad radica en nuestro ojo.

El ojo presenta la esclerótica o blanco del ojo y el iris o parte coloreada. El iris es abundante en estructuras y en su centro se halla la pupila de color negro que es por donde se cuela la luz para concentrarse en la retina. En todo mandala el punto medio es la nada, el vacío, y al mismo tiempo la unidad y la totalidad.

La retina repite la pauta vandálica: desde su parte más externa a la más interna va aumentando la densidad de las células sensibles y la visión se hace cada vez más nítida hasta encontrar el llamado «punto ciego», por donde se transporta toda la información a través del nervio óptico.

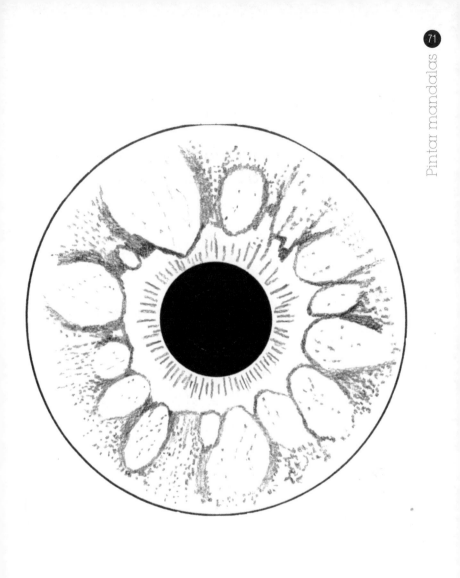

# Mandala del pavo real

Su vistosa cola adornada con más de cien ojos es el símbolo de la inmortalidad y la experiencia sensible.

# Mandala serpiente

La serpiente que se muerde la cola significa que el principio y el fin son una misma cosa o que la vida no conoce principio ni fin si tiene significado. En la tradición occidental, las dos serpientes entrelazadas simbolizan los canales energéticos Ida y Pingala, que van a encontrarse en el centro del chakra corona y representa la realización suprema. La serpiente es un símbolo que nos libera de los aspectos más materiales.

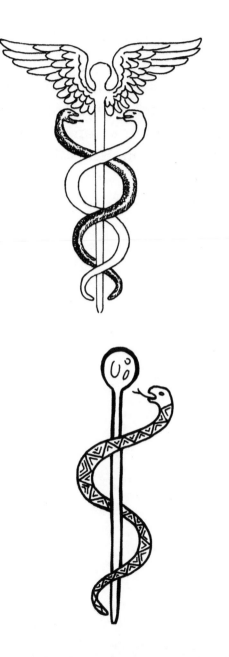

# Mandala del dragón

El dragón chino es símbolo de la vida y de la
ambición eterna en movimiento. El dragón
caza la flor de la fortuna, un símbolo de perfección, infinidad y pureza.

# La tela de araña

La naturaleza de la araña y su tela evocan muchas veces nuestra propia situación personal, en el que una fuerza poderosa nos retiene e impide nuestra propia realización personal. La existencia de la tela de araña es algo que se debe percibir y aceptar con el fin de lograr la liberación.

El mandala de la telaraña es una imagen de la Creación. Cuanto más nos rebelamos frente a su existencia, más nos enredamos en la malla de lo material.

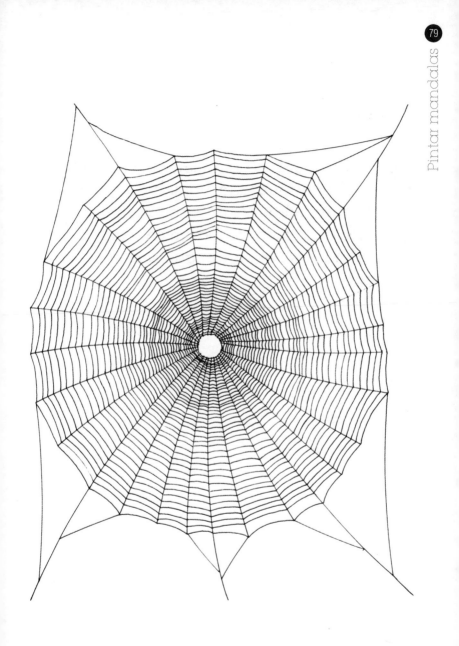

# Mandalas de la Antigüedad clásica

En los mandalas de la antigüedad la forma y el contenido guardan un sabio equilibrio. Una danza alrededor del centro expresa a la perfección la idea de movimiento que todos los mandalas tienen aunque sea implícitamente.

# Mandala de la energía

En el círculo exterior es figurado el cielo lo
que es traído de cuatro columnas. El círculo
interior describe la eclosión de la vida empe-
zando en el centro cósmico. Los rayos representan la energía divina que da la vida y la
fertilidad.

# Mandala del laberinto

El laberinto significa el desasosiego y la búsqueda eterna cuyo fin es el centro, principio y
final de origen místico.

# Mandala de la Rueda de la Fortuna

El décimo naipe del Tarot pone en evidencia la estrecha relación entre el cristianismo y las tradiciones espirituales. De hecho, las primeras universidades católicas españolas tenían la astrología entre sus enseñanzas.

# El Jaccra sidha: El Camino del conocimiento

Es un diagrama religioso de los dshainas de Rajastan (India). Representa un loto de ocho pétalos que describe el camino hasta la etapa más alta de la existencia en el centro.

# Mandala egipcio

El mandala es una imitación de una pintura de un cielo de una tumba de Sethos I. Describe las regiones de influencia y dependencia de las esferas diversas: el mundo de las estrellas, el mundo de los dioses, el mundo de los hombres, y en el exterior la base material de la vida con frutas de campo y papiros.

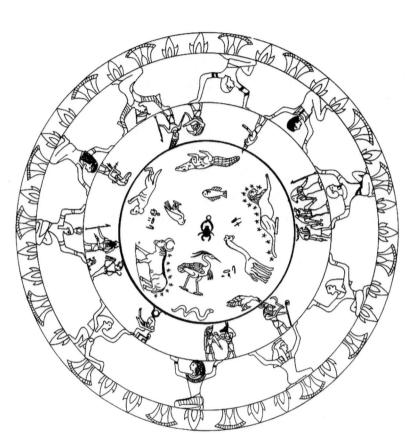

# Mandala de
# los indios navajos

Casi todos los pueblos han representado la Creación como un mandala. Los indios navajos, por ejemplo, explican la Creación diciendo que todo proviene de un lugar sagrado central de donde nacen las cuatro plantas de la cultura que crecen entre las cuatro montañas sagradas, rodeadas por la figura circular de la soberana del arco iris.

# Mandala de los Ashanti (Ghana): Cocodrilo

El cocodrilo doble en el centro muestra la unidad en la diversidad; el cocodrilo es para muchas tribus africanas un animal inmortal. El mandala tiene como base una parte central que recoge la energía divina. En la parte superior puede verse el símbolo del dios universal.

# Mandala de los Ashanti (Ghana): Escorpión y pájaro

El escorpión doble simboliza la justicia. Y es que una decisión justa necesita al menos opiniones de dos lados. El escorpión es un animal que aparece en múltiples representaciones en diversas culturas. El motivo del pájaro que se vuelve para capturar su huevo perdido representa la posibilidad a tornar siempre en todas las situaciones en la vida.

# Mandala del ojo árabe

El círculo interior representa la sabiduría divina, el oval exterior representa el principio
femenino. El ojo proyecta el mundo exterior al
interior y el mundo interior al exterior.

# Mandala de Shiva

Shiva es una de las diosas principales del hinduismo y representa la destrucción y la renovación del mundo. En su baile salvaje cósmico, mueve todo el mundo, dando la espalda al demonio de la falta de memoria y de la distracción.

# Mandala islámico

Los musulmanes tenían prohibida cualquier representación figurativa de Dios, de modo que no tenían más remedio que recurrir a los dibujos geométricos para representarlo. En el mandala Dios o la unidad tampoco puede ser representado, aunque se intuye en el centro.

# Mandala de los aborígenes australianos

En el centro está el espíritu de la Tierra en conexión directa con la fuerza femenina de la serpiente. Alrededor hay líneas de energía diversas de la Tierra en forma de círculos y ondas.

# Mandala del escudo romano

Los romanos tomaron muchos elementos de la cultura griega, pero ya conocían los mandalas con anterioridad. En su cultura bélica tenía una gran importancia el escudo circular, y los de los oficiales se decoraban con mandalas dedicados al dios de la guerra o el emblema de la *gens* o familia.

# Mandalas de los germanos

Los germanos también basaban la decoración de sus escudos en los mandalas. Un ejemplo de su cultura es esta rueda solar, original de la provincia de Gotland, en Suecia.

# Mandalas de los sajones

Los sajones combinaron sus propios motivos ornamentales con los que hallaron entre los celtas.

# Mandala celta

La cruz celta es mucho más antigua que la cruz cristiana y simboliza la unión entre la energía femenina (representada por el círculo) con la energía masculina (representada por la cruz). En el centro suele verse el nudo infinito, signo de la eternidad.

# Mandala noruego

Los mandalas del norte de Europa suelen mezclar cristales y flores, símbolos tradicionales de los países de aquellas latitudes.

# Mandala indio

La danza del dios Krishna con las *gopis* o jó-
venes vaqueras. El corro de bailarines representa la unidad de los cielos y la tierra.

# Creaciones por ordenador

Los ordenadores también pueden servir para dibujar mandalas muy hermosos. A diferencia de otros productos tecnológicos, no contienen engranajes y pueden representar a la perfección el reflejo de un mundo espiritual. Gracias a un ordenador también se pueden realizar sorprendentes imitaciones de pautas antiguas y evocar rosetones de catedrales góticas.

# Mandalas de
# la vida cotidiana

Nuestra vida cotidiana está llena de mandalas en los que no solemos fijarnos. Las ollas, los grifos antiguos y modernos, los ventiladores, son formas mandálicas. Incluso los botones de la ropa, los semáforos, hélices y turbinas, o las alcantarillas de las calles tienen esa forma.

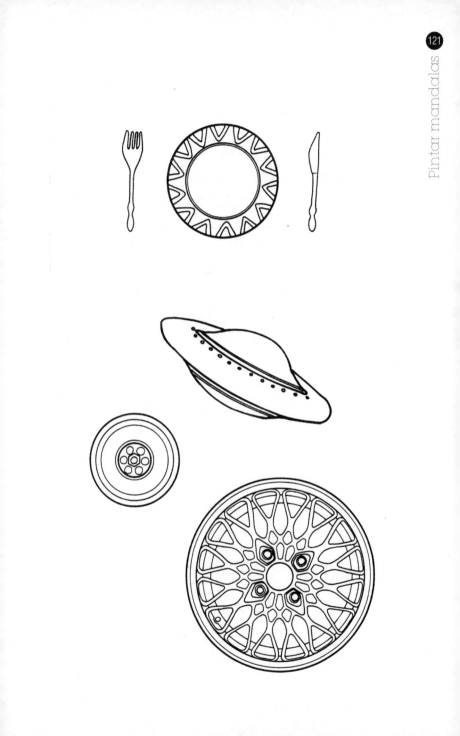

# Las monedas

En casi todos los países del mundo el dinero acuñado es el origen y principio de la economía monetaria. Todas las monedas tienen formas de mandalas. En su origen, el oro de éstas representaba el principio solar y la unidad. Las primeras monedas sirvieron a los fines de culto y simbolizaban la perfección de la divinidad y de su creación.

# Mandalas navideños

Cualquier corona de Navidad o corona de Adviento puede ser un sugerente mandala que exprese el simbolismo del retorno a la Luz.

# El mandala de la reencarnación

Para el budismo, todo gira alrededor de un vacío central. A diferencia de los occidentales, los budistas buscan salirse cuanto antes, abandonar la rueda giratoria para encontrar la liberación en la trascendencia.

Peter Redlock

# Cielos mandálicos en los templos chinos

Siguiendo las ideas de Confucio, el techo de la sala de oración debía reproducir la estructura geométrica de los cielos.

# La rosacruz

La rosacruz es desde antiguo un símbolo vinculado al esoterismo, un símbolo maniqueo que unifica en solamente un mandala el símbolo del mundo polar y el del amor celestial.

# Mandalas para niños

Cuando un niño está pintando un mandala está realizando una actividad que va más allá del aspecto creativo, su beneficio se orienta en diversos ámbitos.

Cualquier niño es capaz de alcanzar un nivel óptimo de rendimiento si se le confronta con los estímulos necesarios. Los mandalas suponen un estímulo motivador para cualquier aprendizaje de las distintas áreas. A través del dibujo y del color el niño expresa libremente su mundo interior, sus estados de ánimo, sus complejos. Mediante el dibujo de un mandala el niño busca comunicarse con los demás, interpretando la realidad y compartiéndola con los demás.

Los mandalas para niños son también un eficaz método de relajación que le permite expresar sus sentimientos. Por ello resultan muy útiles para niños con hiperactividad, introvertidos o con tendencia al aislamiento, ya que la creatividad se trabaja en el hemisferio cerebral izquierdo, que procesa la información verbal, codifica y descodifica el habla.

El niño aprende a percibir la belleza, estimulando el desarrollo integral de su capacidad humana y no limitándola exclusivamente al ámbito de lo analítico.

Los mandalas son un eficaz método para la superación de situaciones emocionales negativas, tales como fobias, ansiedades, temores nocturnos o experiencias traumáticas.

- En el ámbito cognoscitivo: Desarrolla la fluidez, la flexibilidad y la originalidad en las ideas del niño.
- En el ámbito afectivo y social: Desarrolla actitudes creativas frente a distintas situaciones que se le presenten.
- En el ámbito psicomotor: Favorece que el niño se exprese de forma creativa con el uso de distintas técnicas plásticas.

# Mandalas en los juegos

Hay muchos juegos infantiles que siguen la pauta de un mandala: desde la célebre peonza, pasando por los aros, el carrusel o la noria. Al mismo tiempo que distraen también sirven como terapia.

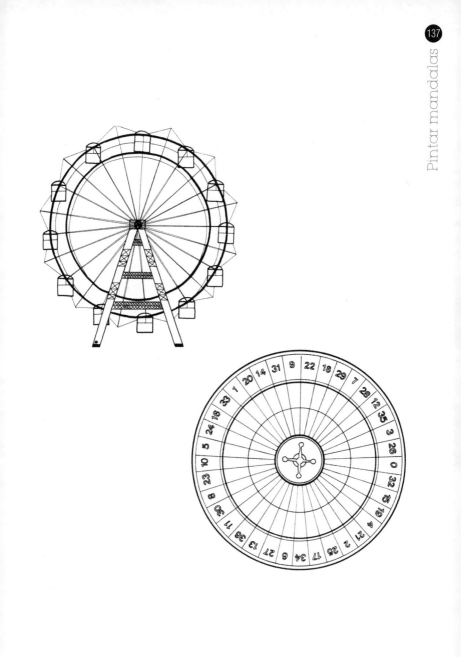

# Bibliografía

Cornell, Judith, *Mandala: Luminous Symbols for Healing,* Quest Books, 2006.

Cunningham, Lori, *The Mandala Book: Patterns of the Universe,* Sterling, 2010.

Dahlke, Ruediger, *Terapias con mandalas: una guía práctica para encontrar su esencia espiritual,* Robinbook, 2010.

Dahlke, Ruediger, *Mandalas: un libro para descubrir nuestro interior mediante los mandalas,* Robinbook, 2012.

Dahlke, Ruediger, *Mandalas: cómo encontrar lo divino en ti,* Robinbook, 1997.

Huyser, Anneke, *Mandala Workbook: For Inner Self-Discovery,* Red Wheel Weiser, 2002.

McNeill, Suzanne, *Zen Mandalas,* Design Originals, 2011.

Robertson, Mary, *Mandalas: 50 Hand Drawn Illustrations,* Jumeaux Media, 2012.

# Los puntos que curan

## Susan Wei

### Alivie sus dolores mediante la digitopuntura.

La técnica de la estimulación de los puntos de energía y del sistema de meridianos es tan antigua como la misma humanidad. Se trata de una técnica que recoge la enseñanza de lo mejor de la acupuntura, del shiatsu y de la acupresura para el alivio rápido de diferentes síntomas. Y que en caso de enfermedades crónicas, sirve de complemento a los tratamientos médicos prescritos.

Este libro es una guía que indica la situación de cada punto de energía para una práctica regular que devuelva la armonía a la persona y pueda protegerla de algunas enfermedades.

- •¿Cómo encontrar el punto correcto?
- •¿Cómo se trabajan los puntos?
- •¿Cuántas veces hay que repetir cada tratamiento?

# Los Chakras
## Helen Moore

### Despierta tu interior y aprovecha al máximo tu sistema energético.

Los Chakras son siete centros energéticos situados en el cuerpo humano. Su conocimiento nos llega a través de la cultura tibetana forjada a través de la experiencia  personal de los maestros de Shidda Yoga. La energía del cosmos atraviesa nuestro cuerpo trabajando en esa red de centros energéticos sutiles. Los chakras captan esa energía del ser humano y la hacen circular hacia el macrocosmos. Los chakras nos conectan con nuestro mundo espiritual y de su equilibrio depende en buena medida nuestra salud. De nuestra capacidad para leer las señales de estos centros de energía y rectificar o corregir su trayectoria dependerá que podamos evitar determinados trastornos.

Este libro es la guía imprescindible para conocer la esencia de los chakras y su localización, lo que sin duda será de enorme utilidad para conocer algo más de la complejidad del cuerpo humano.

- • El cuerpo etérico como canalizador de energia.
- • Los nadis o canales de energía.
- • Los flujos energéticos en el cuerpo humano.

# Medicina china práctica

## Susan Wei

La medicina china comprende una serie de prácticas y fundamentos teóricos que trabajan en pos de una terapéutica global que tiene en consideración todo cuanto sucede en el organismo, la forma de manifestarse una enfermedad y cómo responde a los estímulos del entorno.

Este libro trata de dar a conocer cuáles son las principales terapias que aplica la medicina tradicional china en su esfuerzo por restablecer la salud y el bienestar de las personas y ofrece al tiempo un catálogo de las enfermedades más comunes y los remedios que deben aplicarse. No son más que motivos de inspiración para reencontrar el equilibrio y vivir de forma más saludable.

- El yin y el yang y los cinco elementos.
- Las leyes que rigen el cuerpo humano.
- ¿Cómo diagnostica un terapeuta especializado en MTC?

# Grafología

## Helena Galiana

**Todas las claves para interpretar los principales rasgos de la escritura y conocer su significado y lo que revelan sobre el carácter y la personalidad.**

La escritura se ha convertido en una seña de identidad capaz de reflejar los más increíbles aspectos de la persona. En la actualidad, por ejemplo, no hay empresa de selección de personal que no se valga de la grafología para analizar detalladamente a los aspirantes a ocupar un puesto de trabajo. El lector encontrará en este libro una guía completa para iniciarse en la ciencia grafológica, y descubrirá en ésta una sorprendente herramienta para conocerse mejor a sí mismo y a los demás.

- Conozca la técnica grafológica y sus aplicaciones.
- Aprenda a descifrar lo que nos revela la firma.
- Lo que revela la grafología sobre la sexualidad.

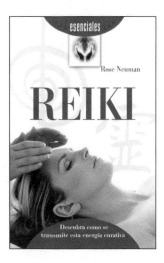

## REIKI
## Rose Neuman

Reiki es un sistema de armonización natural que utiliza la energía vital del Universo para tratar enfermedades y desequilibrios físicos y mentales. Su fundamento original se basa en la creencia hinduista de que el correcto fluir de la energía vital a través de los distintos chakras del organismo asegura un buen estado de salud.

Rose Neuman ha escrito un manual esencial para conocer cada uno de los estamentos del Reiki, de forma que el terapeuta o la persona que se inicia en su práctica conozca sus fundamentos para vivir de una forma más saludable.

- ¿Cuáles son las principales aplicaciones del Reiki?
- ¿Qué son los alineamientos?
- Los cinco principios espirituales.
- Cómo trazar los símbolos.

## El yoga curativo
## Iris White y Roger Colson

El yoga es un sistema sumamente eficaz para alcanzar un estado de equilibrio físico y emocional. Su práctica no sólo aporta una evidente mejoría en la capacidad respiratoria sino que además actúa de forma muy favorable sobre los órganos internos. Este libro sintetiza toda la sabiduría y la experiencia de la práctica del yoga curativo o terapéutico en un programa que muestra cómo cada persona puede optimizar la salud y alcanzar la curación.

- La relación entre yoga y salud.
- La práctica del yoga.
- El entrenamiento mental.
- El proceso de transformación física.
- ¿Puedo controlar el estrés a través del yoga?